AF562328

8° R
19860
2

L'ÉDUCATION FÉMINISTE

LA

Recherche de la Paternité

BIBLIOTHÈQUE NATIONALE
R F
IMPRIMÉS

PAR

CHARLES GIDE

PROFESSEUR D'ÉCONOMIE SOCIALE A LA FACULTÉ DE DROIT DE PARIS

PRIX : **20** centimes

8° R
19860 (2)

SOCIÉTÉ D'ÉDUCATION & D'ACTION FÉMINISTES

7, rue de la Tunisie, LYON

1906

L'Education Féministe

série de brochures de propagande, à **20 centimes**, publiées par la Société d'Education et d'Action féministes,
Sous la direction de sa Secrétaire Générale,

Mlle Odette LAQUERRE

présentera, dans son ensemble, une étude précise et complète de la question féministe, envisagée sous ses multiples aspects.

EN VENTE

au Siège de la Société, 7, rue de Tunisie, LYON

Qu'est-ce que le Féminisme? par ODETTE LAGUERRE.
La Recherche de la Paternité, par CH. GIDE.

En Préparation

La Femme dans le Passé, par Mme SOULEY-DARQUÉ.
Le Mouvement Féministe, par HELLÉ.
La Sujétion légale de la Femme, par CHAZETTE.
L'Enseignement ménager, par JUSTIN GODART.
L'Ouvrière, par Mme GATTI DE GAMOND.
L'Institutrice, par Mme EIDENSCHENK.
La Jeune Fille, par FRANÇOISE BENASSIS.
La Courtisane, par Mme AVRIL DE SAINTE-CROIX.
La Protection de l'Enfance, par IDA R. SÉE.
La Femme et le Socialisme, par E. LÉVY.
La Femme dans la Coopération, par MARIE BONNEVIAL, etc.

Un exemplaire,	**0 fr. 20.**	— Par poste,	**0 fr. 25**
10	—	**1 fr. 50**	—	**2 fr.** »
50	—	**6 fr.** »	—	**7 fr.** »
100	—	**10 fr.** »	—	**11 fr.** »

L'abonnement à la série complète (25 brochures .... **5 fr.** »

La Recherche de la Paternité (1)

DON
127759

I. — Les Enfants naturels à la recherche de leurs parents

Chaque année il y a en France environ 75.000 naissances illégitimes, dont près de 20.000 rien que pour Paris (une cinquantaine par jour). On peut dire, en chiffre rond, que sur 10 naissances, il y en a 9 en mariage, 1 hors mariage. D'ailleurs, il y a d'autres pays où la proportion est encore supérieure.

A ce compte, les enfants naturels devraient constituer la dixième partie de la population. Comment se fait-il donc que nous n'en rencontrions que rarement? Pour moi, je ne me rappelle pas en avoir connu un seul. Où donc sont-ils ? — Je vais vous le dire.

D'abord, beaucoup sont morts. La mortalité des enfants naturels est à peu près le double de celle des enfants légitimes, laquelle est déjà énorme : sur les 75.000 il en meurt 18.000 dans la première année de leur vie, beaucoup aussi les années suivantes, et finalement, c'est tout au plus si la moitié du contingent annuel arrive à l'âge adulte, homme ou femme. Inutile de vous expliquer pourquoi.

Mais ceux qui vivent, où sont-ils ? pourquoi ne les voyons-nous pas ? — Parce qu'ils sont nés à peu près tous de mères pauvres et qu'ils suivent la condition de leurs mères. Pourquoi presque toujours les filles-mères sont-elles pauvres ? Sont-elles plus vicieuses que leurs sœurs de la classe riche ? Non, mais elles sont moins bien gardées. Tandis que celles-ci ne sortent qu'escortées d'une demoiselle de compagnie ou d'une bonne, celles-là doivent sortir à toute heure du jour et même de la nuit. Tandis que celles-ci s'enferment dans leur chambre de jeune fille en pitchpin ou en laqué blanc, celles-là couchent dans la promiscuité du taudis ou dans la chambre du sixième. Tandis que celles-ci se font servir, celles-là sont obligées de servir, de se louer comme domestiques chez le bourgeois, comme ouvrières à l'usine, et nul n'ignore quels

(1) Conférence faite à l'Ecole des Hautes Etudes sociales, le 23 janvier 1905.

sont les services supplémentaires auxquels une femme est exposée.

Les enfants de ces femmes sont pauvres comme leurs mères ; ils vivent de leur travail. Et ceux, très nombreux, qui ont été abandonnés par leurs mères tombent plus bas, dans les bas-fonds de la société, dans les colonies pénitentiaires, dans les prisons, dans les asiles. Voilà pourquoi vous ne les rencontrez pas souvent dans le monde.

Mais il peut vous arriver de rencontrer dans le monde, et même dans le meilleur monde, leurs pères, des Messieurs très bien, décorés, jeunes ou vieux ; car si les enfants naturels deviennent rarement vieux, leurs pères se conservent beaucoup mieux.

Toujours est-il, que nous les voyions ou non, qu'il existe en France à peu près un million et demi de personnes, enfants, hommes ou femmes, qui sont nés hors mariage, des bâtards, comme on disait autrefois. Quelle est leur situation ?

Il y en a environ 1/5 ou même 1/4 qui ont été *reconnus*, comme on dit en droit, c'est-à-dire que les parents ont, par un acte authentique, reconnus pour leurs enfants. Ils n'ont pas rang d'enfant légitime, mais ils ont cependant des droits assez étendus, surtout depuis une loi récente de 1896. Ils portent le nom du père (s'ils ont été reconnus par lui) et ont une part et même une part réservée dans la succession.

Mais tous les autres, peut-être un million, grandissent et vivent à la recherche d'un père ou d'une mère, ou de tous les deux, et le plus souvent meurent sans les avoir trouvés. Quand je dis qu'ils les recherchent, j'exagère ; pour beaucoup d'entr'eux, les parents sont un luxe dont ils ont pris l'habitude de se passer assez facilement. Mais si retrouver leurs parents leur est indifférent, ce n'est pas indifférent pour la Société. Celle-ci a le plus grand intérêt non seulement moral, mais pécuniaire, à ce que ces enfants puissent trouver des protecteurs naturels, puisque, à défaut de ceux-ci, c'est elle qui est obligée de s'en charger. Elle a à sa charge 103.000 jeunes enfants abandonnés qui lui coûtent 25 millions de francs par an. Et leur entretien devient bien plus onéreux quand plus tard elle doit les recevoir dans ses prisons ou ses bagnes, ses hospices, ses refuges. Quand donc Napoléon, dans la discussion au Tribunat sur ce sujet, prononça cette parole décisive : « La société n'a pas intérêt à ce que les bâtards soient reconnus », cette affirmation du grand capitaine n'était pas seulement féroce, elle était une sottise énorme.

Il importe donc, au contraire, de leur faciliter les

moyens de retrouver leurs parents, alors même que ceux-ci s'y sont dérobés, et surtout le père, puisque généralement il peut être un protecteur plus efficace et de plus de ressources que la mère.

En ce qui concerne la recherche de la maternité, elle est généralement assez facile. Le fait de la maternité saute aux yeux. Il n'en est pas de plus apparent. Longtemps à l'avance la nature le révèle par des signes extérieurs auxquels on ne peut guère se méprendre ; puis, au moment de l'accouchement, les souffrances, les cris, l'assistance du médecin, de la sage-femme, des voisines, la maison en émoi, et, sitôt après, la présence du nouveau-né qui sait bien se faire entendre et révèle son existence de la façon la plus bruyante : tout cela constitue l'ensemble de preuves le plus complet qu'on puisse imaginer. J'omets à dessein, bien entendu, puisqu'il s'agit d'un enfant naturel, ces signes extérieurs qui sont les lettres de faire-part, le baptême, les dragées et les félicitations. On ne peut guère dissimuler la maternité : celles qui essaient de dissimuler leur grossesse risquent leur vie, et pour dissimuler l'enfant, une fois né, il faut le supprimer par le crime.

Il est vrai que quand l'enfant est devenu grand, ce qu'il faut prouver, ce n'est plus seulement le fait de la naissance, mais l'identité de personne entre le réclamant et l'enfant né de telle femme, et cette preuve est plus difficile. Néanmoins, on peut généralement y arriver sans avoir besoin de recourir aux langes et aux médaillons marqués aux armes des duchesses, comme dans les mélodrames.

Aussi la recherche de la maternité est-elle toujours admise par la loi, sous certaines conditions, telles qu'un commencement de preuve par écrit.

Mais pour retrouver le père, c'est une autre affaire! Le fait de la paternité est toujours secret. Il l'est non seulement quant à l'acte originaire, mais quant à ses suites. C'est la Nature qui a tiré le rideau, et elle ne le soulève jamais. Le lien de la filiation reste invisible à tout microscope, à tout réactif chimique. Il n'y a qu'une personne, un seul témoin qui puisse dire qui est le père : c'est la mère, et encore à la condition d'avoir été *uni viri*, la femme d'un seul homme, au moins pendant un certain temps. Quant au père, le sentiment de la paternité ne peut être chez lui qu'un acte de foi.

Aussi la même loi qui permet la recherche de la maternité prohibe-t-elle la recherche de la paternité.

II. — Les Preuves de la Paternité

Nous voici au cœur du sujet. Comprenons bien la situation.

Si le père a reconnu l'enfant ou l'a, mieux encore, légitimé par un mariage subséquent, tout est réglé : la paternité est établie. A vrai dire, c'est une simple présomption, et il a dû arriver plus d'une fois que des pères ont reconnu des enfants qui n'étaient pas d'eux. N'importe, la loi croit le père sur parole. Celui-ci n'a même pas besoin, pour reconnaître l'enfant, du consentement de la mère ou de celui de l'enfant.

Mais si le père ne veut pas se déclarer, personne ne peut l'y forcer, ni la mère, ni l'enfant, ni à plus forte raison les tiers — sauf dans un cas exceptionnel que nous indiquerons tout à l'heure.

Ainsi le père est le maître de la destinée de son enfant naturel. Il peut ou l'élever à la dignité d'enfant légitime, ou lui conférer la situation intermédiaire d'enfant naturel reconnu, ou le plonger dans le néant. Jamais magistrature plus auguste n'a été conférée à individu plus indigne !

Eh bien ! puisque le père est cru sur parole, lui qui au fond ne sait rien, pourquoi la mère, elle qui est la seule personne bien renseignée, n'est-elle pas aussi crue sur parole ?

Elle l'était dans l'ancien droit. *Virgini creditur parturienti*, disait-il, c'est-à-dire, en délayant dans une périphrase ce vigoureux raccourci : l'affirmation de la fille vierge fera foi quand elle aura lieu pendant l'accouchement — règle à la foi pitoyable et cruelle, puisqu'elle semble inspirée par la procédure de cette époque où l'on croyait à l'aveu du misérable soumis à la question : on reconnaissait sans doute le même caractère de vérité à l'aveu jailli des lèvres de la femme primipare dans les tortures de l'enfantement. Au reste, cette maxime ne doit pas être prise à la lettre, car il fallait tout de même d'autres preuves. — Néanmoins, il paraît qu'elle donna lieu à des abus et à des chantages. Probablement que la première condition, *virgini*, n'était pas toujours remplie, et d'ailleurs elle était difficile à vérifier.

Il y a encore, dans la législation de certains cantons suisses, une survivance de cette règle dans le droit pour la fille-mère d'affirmer sous la foi du serment qui est le père. Mais les législateurs du Code civil n'en ont pas voulu. Evidemment, c'est une chose grave que de conférer un semblable pouvoir à l'affirmation d'une jeune fille, remplit-elle même les conditions impliquées dans la maxime. On ne saurait faire abstraction des possibilités de mensonge dues à un sentiment de vengeance ou de cupidité, ou même des possibilités d'erreurs dont les récentes études sur l'hystérie ont démontré la fréquence et le danger.

Mais si nous reconnaissons que le témoignage de la mère seule n'a pas une force suffisante, il n'en est plus de même quand il se trouve corroboré par d'autres preuves, par exemple par l'aveu du père ou par des faits établissant l'existence de relations entre la mère et le prétendu père.

Il n'y a pourtant qu'un seul cas où le Code civil admette comme preuve un fait : c'est le fait d'enlèvement, s'il coïncide avec la date probable de la conception. L'hypothèse de l'enlèvement n'est pas si romanesque qu'on pourrait le croire, et elle est assez pratiquée dans les villages, même sans automobile. Mais il y a d'autres cas où, pour toute personne de bonne foi, la preuve est aussi bien et mieux établie que dans le cas d'enlèvement.

Il en est un notamment, très fréquent, dans lequel il n'y a pas seulement le témoignage de la mère, mais celui des voisins, du public et du père lui-même. C'est ce qu'on appelle le « faux-ménage » chez les bourgeois, et chez le peuple tout simplement le ménage, et qui, en effet, ne diffère du vrai que parce que le maire et le curé n'y sont point intervenus et parce que le divorce y est plus facile. Mais sauf cela, tous les caractères du mariage, vie commune, entretien et éducation en commun des enfants, s'y retrouvent. On estime qu'il y a à Paris au moins 1/10 de ménages irréguliers (environ 40.000). Leur nombre augmente. Cette augmentation tient : de la part de l'homme à l'égoïsme qui préfère ne pas se lier, ou à l'affirmation d'un idéal anarchiste supérieur, ou parfois tout simplement à l'incurie et à l'ennui des formalités : on ne sait pas le rôle que jouent dans la vie du Français *les papiers* et combien sont morts pour n'avoir pas leurs papiers ! — de la part de la femme, à l'exiguïté de son salaire qui la force à chercher *un homme* et à se contenter d'un homme à défaut de mari. Ils vivent en se disant qu'on régularisera plus tard. Les enfants viennent. La femme dit : C'est le moment ! L'homme pense, au contraire, que c'est le moment de s'en aller. Il s'esquive un beau jour sans rien dire ou bien, ce qui est pis, il annonce à la femme qu'il va « se ranger » ! — « Range-toi aussi, » lui dit-il.

Que dans de semblables conditions, quand il y a notoriété publique, la preuve de la paternité ne soit pas admise, cela est révoltant. Remarquez que nous ne demandons pas que, de même que dans le mariage légal, la paternité soit présumée de plein droit et sans admission de preuve contraire, mais seulement que cette possession d'état puisse servir de preuve, sauf preuve contraire.

En somme, le vrai fondement de la présomption de paternité, ce n'est ni le maire ni le curé, c'est la fidélité de la femme. Or, j'ose dire qu'il y a certains ménages légaux où cette présomption est bien moindre que dans certains ménages irréguliers.

Ce qu'il y a de révoltant dans la loi, c'est que dans le cas de ménage légal la fidélité de la femme est présumée sans possibilité de preuve contraire, tandis que dans le mariage illégal, c'est l'infidélité de la femme qui est présumée sans possibilité de preuve contraire !

Mais, objecte-t-on, la concurrence que fait le mariage irrégulier au mariage légal est inquiétante; elle le sera bien plus du jour où le ménage irrégulier sera presque assimilé à l'autre. Raisonnement absurde ! C'est au point de vue des responsabilités que nous demandons son assimilation. L'effet produit sera donc tout le contraire. Car pourquoi l'homme préfère-t-il l'union libre ? Précisément pour se libérer des charges et des responsabilités — en dehors des hommes, relativement peu nombreux, qui en font une question de principe. Du jour où l'homme saura que sa responsabilité est la même dans le concubinat que dans le mariage, il n'aura aucun intérêt à préférer le concubinat ou l'union libre. Son calcul égoïste sera donc déjoué.

Voici donc un cas, tout au moins, dans lequel il faut admettre sans hésitation, je ne dis pas la paternité, mais la recherche de la paternité. C'est ce qu'ont fait plusieurs législations étrangères, notamment la législation allemande, et cette règle figure dans tous les nombreux projets de loi déposés en France sur cette question.

III. — Les effets de la paternité déclarée vis-à-vis de l'enfant

En supposant la paternité établie en justice, c'est-à-dire imposée bon gré mal gré au père récalcitrant, quels doivent en être les effets ? Les mêmes, semble-t-il, que ceux de la reconnaissance volontaire. L'enfant qui aura gagné son procès sera assimilé à l'enfant reconnu : il portera le nom du père, il aura un droit de succession, il devra être entretenu et élevé conformément à la situation de fortune du père, etc.

Cependant, il est permis d'hésiter en se plaçant non seulement au point de vue des conséquences pratiques, mais même au point de vue moral. On peut distinguer dans la paternité trois attributs :

Des droits, tels la puissance paternelle et l'usufruit légal ;

Des devoirs, tels celui de la protection et de l'éducation, de la transmission du nom et de la fortune ;

Des charges, telles celles de l'entretien.

Or, que la paternité imposée comporte le dernier, les charges, c'est entendu ; mais qu'elle comporte les droits et même les devoirs, cela n'est pas si évident. Au contraire, on peut admettre, en même temps qu'une déclaration de paternité, une déchéance pour l'homme qui a fait tous ses efforts pour s'y soustraire et qu'il a fallu aller prendre au collet, de même qu'on prononce la déchéance de l'autorité paternelle contre les parents des enfants moralement abandonnés. L'homme qui fuit la paternité ne sera jamais qu'un mauvais père, et même il pourrait être dangereux pour l'enfant de lui conférer les droits, les honneurs et les devoirs d'une paternité véritable. Qu'il paie, et c'est tout!

C'est ce que décident la plupart des lois étrangères qui admettent la recherche de la paternité. Elles ne lui attribuent d'autre sanction qu'une pension alimentaire, et même cette pension est singulièrement mesquine : en Angleterre, 5 schell. par semaine (328 fr. par an) jusqu'à l'âge de 13 ans. C'est un prix fait et un prix scandaleux. Pouvoir se payer un enfant pour 328 fr. par an, dix enfants pour 3.280 fr. ! cela n'est pas pour effrayer un lord ni même un bourgeois. Dans l'Illinois, 100 doll. (518 fr.) la première année de la naissance et 50 doll. les neuf années suivantes. En Allemagne, pas de tarif maximum, mais pension réglée d'après la condition de la mère et non celle du père — ce qui fait que le coureur de filles a tout intérêt à s'attaquer à des filles pauvres. En cas de conséquences fâcheuses, le taux de sa pension sera léger. Il est vrai qu'en Allemagne l'enfant naturel a, vis-à-vis de sa mère, tous les droits de l'enfant légitime, mais ce n'est pas une compensation, c'est une aggravation d'injustice.

Pour moi, je serais disposé à accepter l'idée que la paternité imposée, précisément parce qu'elle est une sorte de pénalité, ne doit comporter que des conséquences pécuniaires ; mais je les voudrais beaucoup moins dérisoires que celles pratiquées dans les autres pays. Il faudrait que la pension alimentaire fût réglée d'après la situation de fortune du père et qu'elle se prolongeât, à défaut d'un droit de succession, pendant toute la vie de l'enfant naturel.

IV. — La responsabilité du séducteur vis-à-vis de la fille-mère

Nous n'avons parlé jusqu'à présent que de l'enfant. Mais les enfants ne sont pas les seuls intéressés dans la question : il y a aussi les mères, tout ce lamentable troupeau de filles-mères. Elles y sont intéressées non pas seulement indirectement en tant que mères et à raison de l'affection qu'elles portent à la vie et à l'avenir de leur enfant, mais personnellement en tant que filles et femmes qui ont subi le plus grave dommage qu'une femme puisse subir, non pas seulement la perte de leur honneur, mais souvent celle de leur santé, et souvent aussi celle de leur gagne-pain, et qui à tous ces titres ont droit à une réparation. Cette réparation, dans l'ordre naturel des choses, serait le mariage ; mais comme on ne peut contraindre personne à se marier malgré soi, elle doit se transformer en réparation pécuniaire.

Ceci est une question très différente de la précédente. Cependant, en fait, elles sont connexes, parce que la question de dommages-intérêts payables en argent ne se pose que lorsqu'il y a eu un préjudice matériel sous la forme de grossesse et accouchement. Une femme ne réclame pas de dommages-intérêts pour son honneur perdu, s'il n'y a que l'honneur. Et cette connexité est précisément ce qui a fait hésiter pendant longtemps la jurisprudence en France. Durant toute la première moitié du XIXe siècle, les tribunaux disaient aux filles-mères qui assignaient leur séducteur : « Ce n'est pas comme amant, c'est comme père que vous l'assignez. Il faudrait donc, pour vous donner satisfaction, proclamer sa paternité. Or, l'article 340 du Code nous le défend. Tous nos regrets ».

Ce ne fut qu'en 1845 qu'un modeste tribunal de province (ce n'était pas encore celui de Château-Thierry, mais de Castel-Sarrazin) se décida à condamner à des dommages-intérêts l'homme qui avait rendu une fille mère, en s'appuyant non sur le fait qu'il était le père de l'enfant, mais tout simplement sur le fait qu'il avait causé un dommage à la fille. Et quoiqu'on ait dit que cette distinction était subtile. elle était le bon sens même, et depuis elle a été consacrée par une foule d'arrêts (1).

Cependant il faudrait se garder de croire que tout est maintenant pour le mieux !

Pour que les tribunaux accordent une indemnité généralement d'ailleurs fort mesquine, il ne suffit pas que la fille soit devenue mère et que le père soit connu ; il faut prouver qu'il y a eu promesse de mariage ou contrainte résultant sinon de la violence matérielle, du moins d'un abus d'autorité. Sinon, il n'y a rien à faire, parce que, comme le dit un arrêt récent du tribunal de Nîmes (18 mars 1901) : « La femme qui a cédé aux entraînements de la passion ou des sens n'est pas recevable à demander en justice le prix de son inconduite » !

(1) Dans ces cas, la jurisprudence s'appuie sur l'article 1382, qui oblige à la réparation quiconque a causé un dommage à autrui ; et, s'il y a eu promesses du père, sur l'article 1142 : « Toute promesse de faire ou de ne pas faire se résout en dommages-intérêts en cas d'inexécution de la part du débiteur. »

A titre de document, voici le texte d'un récent jugement rendu par le président Séré de Rivière à la 6e Chambre, dans une affaire de pension alimentaire introduite contre son amant par une fille-mère abandonnée avec ses deux enfants :

« Attendu que la demoiselle Marie G. produit des lettres de Gabriel A. d'où il résulte l'aveu de sa paternité en ce qui touche le premier enfant ;

Attendu qu'à la vérité le père ne peut être recherché au nom de ses enfants tant qu'il ne les a pas reconnus par un acte authentique ; que toutefois, si en l'état de l'article 340 du Code civil, la mère ne peut agir pour ses enfants méconnus, rien ne l'empêche d'agir pour elle-même ;

Qu'à la faveur de cette distinction, la jurisprudence lui accorde une action en dommages-intérêts contre l'homme qui refuse de l'assister après l'avoir rendue mère ;

Qu'aussi bien et en l'espèce, il appert de la correspondance susvisée que Gabriel A. avait promis à Marie G. de ne jamais l'abandonner ;

Attendu qu'un tel engagement peut être garanti par justice sinon comme promesse de cohabitation, tout au moins comme promesse d'assistance ;

Attendu qu'à la nouvelle de la seconde grossesse, Gabriel A. a complètement délaissé Marie G. ;

Attendu que sa conduite a été blâmée par sa propre famille ;

Attendu que Marie G., dont la fidélité n'est point contestée, a même obtenu du notaire M. qu'il fît une démarche auprès de Gabriel A. pour le ramener à des sentiments plus humains ;

Attendu que cette intervention a été vaine ;

Attendu qu'à la suite de ses couches et des privations qu'elle a endurées, la demoiselle Marie G. paraît atteinte de tuberculose ; qu'elle éprouve une diminution notable dans sa capacité ouvrière ;

Que c'est donc à titre de dommages et intérêts que les sommes d'ailleurs justifiées qu'elle réclame lui sont dues.

M. Gabriel A. s'entend donc condamner à payer à la demanderesse une pension mensuelle de 100 fr. à dater du jugement et jusqu'à ce que ses enfants aient atteint l'âge de dix-huit ans. Il devra lui payer en outre une somme de 1,260 francs à titre de dommages-intérêts.

Voilà une jeune fille qui a eu l'imprudence de se donner sans rien demander ; plus tard, devenue mère, elle réclame de quoi faire vivre son enfant, et il y a des juges pour appeler cela « réclamer le prix de son inconduite ! »

Le tribunal de Paris vient de décider de même à propos d'une demoiselle du téléphone qui, mise à la porte par l'administration à raison de l'état intéressant dans lequel elle se trouvait, a réclamé 4.000 francs de dommages-intérêts. Ils lui ont été refusés « parce qu'elle s'est librement donnée et qu'elle est âgée de 25 ans ».

Il n'y a qu'un tribunal, vous devinez lequel, celui du président Magnaud, qui ait admis que *toute fille-mère* avait droit à une indemnité : « Attendu que le principe d'une réparation est déjà consacré par la jurisprudence lorsqu'il y a de la part de l'homme promesses faites ou contrainte morale exercée, qu'on doit l'admettre aussi bien dans le cas d'entraînement réciproque » (23 nov. 1898). Et c'est, en effet, ce qui doit être proclamé comme règle de droit commun, à la condition pourtant que la responsabilité de l'auteur de la grossesse puisse être établie par des présomptions autres que la simple affirmation de la jeune fille, et pourvu que celle-ci soit réputée honnête, ou du moins ait été réputée telle jusque-là.

Et encore, je ne sais si j'admettrais cette dernière restriction. Quand bien même, en effet, le séducteur ne serait pas le premier en date, sa responsabilité demeure, quoique atténuée. La plupart des hommes s'imaginent que, pourvu qu'ils ne soient pas les auteurs de la première chute, leur responsabilité est nulle. C'est une grave erreur morale. Celui qui contribue à maintenir sous l'eau la tête d'un malheureux qui se noie, est presque aussi coupable que celui qui l'a jeté à l'eau.

Soit ! Mais s'il y a plusieurs amants simultanément, comme il est impossible, même à la femme, de savoir quel est l'auteur responsable de sa grossesse, ne doivent-ils pas être tous libérés ? Je serais plutôt d'avis de répondre, comme le fit un arrêt du Parlement de Paris, du 4 octobre 1661, que, précisément parce qu'il est impossible de faire un choix, « ils doivent tous être solidairement responsables ».

La réparation ne doit pas se confondre avec celle due à l'enfant sous forme de pension alimentaire dont nous avons déjà parlé. Il s'agit ici de la mère, des frais d'accouchement, et, trop souvent, comme dans le cas de la téléphoniste et de tant de pauvres filles chassées pour le même motif, de la perte de son salaire.

Et même une réparation pécuniaire ne me paraît pas suffisante. Il faut que la loi proclame une responsabilité pénale dans le cas de séduction par contrainte ou par promesse mensongère — c'est ce que font plusieurs des États-Unis (1) — et que tout au moins, dans le cas où la femme a été entraînée au crime, à l'avortement ou à l'infanticide, l'auteur de sa grossesse partage la peine en qualité de complice. C'est ce que décide la loi de Norvège (2).

On vient de voir en Suisse le cas d'une servante d'auberge qui avait été violée par son patron, qui avait tué son enfant et qui était condamnée à la prison perpétuelle, pendant que l'auteur de sa chute continue tranquillement à servir à boire dans son auberge, et sans doute à faire la cour à la servante qui a remplacé l'autre !

V. — Quelles conséquences aurait la recherche de la Paternité ?

La recherche de la paternité, tant sous forme de pension alimentaire pour l'enfant que de dommages-intérêts pour la mère, aurait-elle des conséquences salutaires ? Je n'en doute pas et, pour terminer, je les énumère sommairement :

1° Elle préviendrait dans bien des cas la séduction, par la crainte des suites qu'elle comporterait : car il est à remarquer que la séduction n'a jamais eu de *suites* jusqu'à présent que pour la femme ; il serait temps qu'elle en eût pour les hommes. Elle inviterait à plus de prudence les fils de bonne maison vis-à-vis des femmes de chambre de leur mère et les contre-maîtres vis-à-vis de leurs ouvrières ;

2° Elle exercerait une influence non seulement préven-

(1) Aux Etats-Unis, toute séduction d'une femme de moins de 25 ans est punie d'amende ou de prison : — d'amende si le séducteur a lui-même moins de 25 ans ; de prison si le séducteur a plus de 25 ans. Une promesse de mariage est considérée comme séduction. En Angleterre aussi, le séducteur est poursuivi s'il a plus de 21 ans, et des Ligues se sont donné pour but de faciliter les poursuites aux mères indigentes ou à leurs parents.

(2) « Sera puni d'amende, d'emprisonnement ou de travaux forcés au 5e degré, l'homme qui, en s'abstenant délibérément de fournir à une femme enceinte de lui hors mariage, les secours nécessaires à raison de sa grossesse et de son accouchement, selon ses ressources, l'aura laissée tomber dans un état de misère ou d'abandon dans lequel elle accomplira quelque acte punissable contre la vie de son enfant conçu ou né ». (Loi du 18 juin 1892.)

tive, mais réparatrice, en incitant au mariage, particulièrement dans le cas si fréquent des faux ménages ;

3° Elle diminuerait le nombre des avortements, des infanticides, de la morti-natalité et de la mortalité infantile, quatre fléaux qui coûtent chaque année à la France au moins 15 à 20.000 vies et qui ont pour cause principale la misère de la mère, avant et après ses couches, et l'impossibilité de faire vivre son enfant. Le nombre des morts-nés est presque le double pour les naissances illégitimes que pour les naissances légitimes : 78 p. 1.000 au lieu de 41 p. 1.000, ce qui fait 5 à 6.000 par an en tout.

Quant à la mortalité des enfants naturels dans la première année de leur âge, nous avons déjà dit qu'elle était à peu près le double de celle des légitimes ;

4° Elle diminuerait le nombre des prostituées, dont le très grand nombre ont commencé par être des filles-mères ;

5° Et, finalement, elle dégrèverait les communes, les départements, l'État et l'Assistance publique, de charges considérables.

Et la preuve que ces bons effets ne sont pas tout à fait chimériques, c'est qu'on peut les constater en partie réalisés dans les pays qui admettent la recherche de la paternité.

Mais le plus grand des avantages serait la satisfaction donnée à la justice, et pour employer le mot à la mode, mais qui convient tout à fait à la question, à la Solidarité dont le père a brisé le lien et que la mère supporte seule.

La Nature a mis entre les deux sexes, en ce qui concerne la reproduction de l'espèce, une inégalité auprès de laquelle toutes les injustices des lois et des mœurs, qui suscitent à bon droit les protestations des femmes, ne pèsent pourtant pas plus qu'un fétu dans la balance. Voyez plutôt !

Un état de grossesse, une vraie maladie qui dure neuf mois, une crise atroce qui déchire l'être tout entier, entraîne parfois sa mort et souvent le laisse blessé pour la vie ; et après que le lien de chair est rompu, celui de l'allaitement qui commence et qui se prolonge encore, si on s'en remet à la nature, pendant un an ou plus ; et tout cela pouvant se renouveler, si toujours on laisse agir la nature seule, 2, 3, 10, 15 fois, sans intervalles, jusqu'au seuil de la vieillesse qui procurera à la femme le repos, si tant est que, dans ces conditions, elle puisse y parvenir ! une modification de la personne humaine qui se répercute dans toute sa vie physiologique et morale, et qui, chose abominable, n'est pas toujours volontaire, mais peut résulter soit de la violence brutale, soit de l'inconscience, soit de l'ignorance des causes et des effets, soit de la résignation passive à ce que les juristes et les canonistes appellent le devoir conjugal — voilà la maternité naturelle !

Un acte qui ne dure qu'un instant, qui est toujours facultatif et libre, la nature, cette fois, ne permettant pas qu'il soit contraint ; qui n'entraîne qu'une perte de substance infinitésimale et peut être renouvelé indéfiniment sans souffrances, tant s'en faut ! qui ne laisse après lui aucune marque, aucun lien, aucune conséquence, dont la nature, complice de l'égoïsme du mâle, a pris soin elle-même d'effacer la trace, et dont elle a fait, pour employer le mot cynique par lequel les jouisseurs le désignent, une « bagatelle » — voilà la paternité naturelle !

Or, nous estimons que les lois humaines doivent avoir pour but, non de consacrer, mais de corriger les injustices des lois naturelles. C'était assurément le cas ici ou jamais. Mais c'est ce que le législateur, qui est l'homme, s'est bien gardé de faire, du moins en France. Le Code, dont on célébrait hier le centenaire, s'est borné à prendre le fait tel quel et à l'inscrire sur les tables de la Loi dans ces deux formules lapidaires :

« La recherche de la maternité est toujours permise.
La recherche de la paternité n'est jamais permise. »

Eh bien, je dis que ce n'est pas là acte de législateur, mais abdication, lâche adhésion de la loi écrite aux brutalités de la nature.

Ch. Gide.

Notes complémentaires (1)

Il nous parait utile de joindre au beau travail de M. Gide un bref exposé des législations étrangères et des vœux du féminisme français en ce qui concerne la recherche de la paternité.

La plupart des législations étrangères sont favorables à la recherche de la paternité. Elle est admise en Angleterre, en Autriche-Hongrie, en Suède et Norvège, en Suisse dans la majorité des cantons, et dans le projet du nouveau code civil, en Allemagne, depuis 1900, dans le projet de revision du code belge, dans la catholique Espagne elle-même, et, hors d'Eu-

(1) Ces notes ont été composées d'après des documents fournis par M. Ch. Gide et par le Conseil National des Femmes. — Odette Laguerre.

rope, aux Etats-Unis et dans la plupart des républiques américaines.

Les Codes civils *portugais* et *hispano-américains* admettent la recherche de la paternité dans les cas de : 1° viol ou rapt, 2° possession d'état d'enfant, 3° reconnaissance écrite du père.

D'après le nouveau code civil *allemand* : « doit être réputé père d'un enfant né hors mariage celui qui a eu des relations intimes avec la mère à l'époque de la conception, à moins que, pendant cette période, la mère n'ait eu des relations intimes avec d'autres ». En *Angleterre*, la mère peut désigner le père provisoiremeut. Toutefois, pour plaider au fond, il faut un commencement de preuve par écrit. Il en est de même aux *Etats-Unis*. Dans le projet du code civil *suisse*, la paternité est présumée comme en Allemagne, lorsqu'il y a eu cohabitation au moment de la conception. L'action en paternité est intentée par la mère ou par l'enfant que représente l'autorité tutélaire. Elle doit l'être dans les trois mois qui suivent la naissance. Elle peut aboutir à un jugement déclaratif de paternité, s'il y a eu promesse de mariage, acte criminel commis sur la mère ou abus d'autorité. Dans les autres cas, elle ne peut tendre qu'à des prestations pécuniaires envers la mère et l'enfant.

Dans le projet de revision du code civil *belge*, la recherche de la paternité est admise en cas de possession d'état, viol ou rapt, séduction par promesse de mariage, abus d'autorité ou manœuvres frauduleuses, pourvu qu'il y ait commencement de preuves par écrit, présomptions ou indices, résultant de faits constants.

Devant l'exemple des législations étrangères, en face d'un courant d'opinions qu'entretiennent, depuis A. Dumas fils, tous les écrivains préoccupés de réformes sociales, en présence enfin des arrêts ingénieux d'une jurisprudence obligée de condamner la Loi au nom de l'Equité, nos législateurs ont fini par s'émouvoir d'un état de choses dont ne s'accommode plus la conscience française du XXe siècle ; et, depuis une quinzaine d'années, de nombreux projets de loi se sont succédé en France, touchant la recherche de la paternité. M. Gustave Rivet, notamment, s'est fait, à la Chambre, puis au Sénat, l'infatigable champion de cette grande réforme. Tout récemment encore, il vient de proposer, d'accord avec M. Bérenger, l'abrogation de l'article 340.

De son côté, M. Marcel Sembat s'est fait, devant la Chambre, l'interprète des vœux du *Conseil national des Femmes Françaises*.

Le projet, préparé et discuté par la section de législation de ce Conseil, avec le concours de juristes tels que MM. Massigli, professeur à l'école de droit de Paris, Ferrat, doyen de la Faculté libre de droit, Douarche, premier président de la cour de Caen, Marc Réville et Mlle Jeanne Chauvin, avocats à la cour de Paris, est ainsi conçu :

1° La recherche de la paternité est admise sous les conditions suivantes ;

2° La constatation judiciaire de paternité ne donne au père aucun droit sur l'enfant. Elle ne lui impose que le paiement d'une pension alimentaire déterminée selon la condition de la mère et les ressources du père jusqu'à la majorité de l'enfant.

Récompense est due à raison de ladite dette, si le père est marié en communauté. Au décès du père, la pension alimentaire est prélevée sur sa succession.

La constatation judiciaire de la paternité ne donne à l'enfant sur le père que des droits alimentaires;

3° L'action en recherche de paternité peut être exercée pendant la minorité de l'enfant, par la mère ou par le tuteur de l'enfant.

Elle ne sera pas entravée par le fait qu'elle pourrait aboutir à la constatation d'une filiation incestueuse ou adultérine. Si la mère n'agit pas dans l'année qui suivra la naissance, le ministère public devra, dans l'année suivante, saisir le tribunal d'office, avec le consentement de la mère, à moins qu'elle ne soit morte ou interdite ou déchue de la puissance maternelle;

4° Un commencement de preuve par écrit n'est pas nécessaire pour établir la paternité. On peut se contenter de présomptions graves, précises et concordantes. La possession d'état fait preuve par elle seule, sauf le droit, pour le prétendu père, de produire tous les moyens propres à établir que l'enfant, traité par lui comme sien, lui était étranger;

5° Le père contre lequel a été exercée l'action en recherche de paternité perd, pour l'avenir, le droit de reconnaître l'enfant sans le consentement de la mère, à moins qu'elle ne soit morte, ou interdite, ou déchue de la puissance paternelle. Si elle est hors d'état de consentir, la reconnaissance devra être autorisée par le conseil de famille, ou, à son défaut, par le juge de paix.

L'enfant, devenu majeur, ne pourra être reconnu que de son propre consentement.

Pareille disposition est applicable à la mère lorsque la paternité, ayant fait l'objet d'une reconnaissance préalable, la maternité est constatée judiciairement;

6° Indépendamment de la pension alimentaire imposée au père par l'article 2, la mère naturelle peut réclamer pour elle-même des dommages-intérêts proportionnés au tort moral et matériel qu'elle a subi. Ils comprendront, s'il y a lieu, une part des dépenses que la mère aurait indûment supportées, seule, pour l'entretien et l'éducation de l'enfant jusqu'au jour du jugement. Ils ne sont en aucun cas inférieurs aux frais de l'accouchement et aux frais d'entretien de la mère pendant trois mois;

7° Les rapports de l'enfant naturel avec sa famille maternelle seront réglés par un vœu subséquent.

« On peut faire à notre proposition trois critiques fondamentales, dit M. Jacques Bonzon, commentant le projet ci-dessus. On peut nous dire : vos intentions sont pures, mais vos moyens fragiles. Grande difficulté : la preuve. Comment établirez-vous la paternité qu'il s'agira de rechercher ? Par les écrits ? C'est retomber dans les cas exceptionnels. Par la possession d'état ? C'est accomplir une réforme superflue. L'enfant naturel ayant la possession d'état est celui-là même qui ne nécessite point de lois nouvelles, puisque son père s'est occupé de lui et lui a donné la place à son foyer et l'entretien nécessaire. Par des témoignages de toute nature ? Alors nous revoilà aux prises avec les incertitudes de la nature, dans les ombres trompeuse de la physiologie.

Grand danger de même : le scandale. Le chantage reprendra

sous le droit nouveau comme il sévit sous le droit ancien. Grande inutilité surtout. Et ici l'argument est particulièrement impressionnant. A l'ordinaire, les pères lâches ou insensibles dédaigneront les condamnations civiles. Combien de femmes divorcées, de mères légitimes peuvent-elles obtenir, en pratique, le paiement des pensions alimentaires qui leur sont allouées? La loi offre mille moyens de la tourner elle-même... Craignez qu'avec un texte nouveau vous ne gardiez les misères anciennes.

Soit, répondrai-je, nous avons pesé tout cela, et ne le nions point. Mais pourtant nous voulons réaliser notre réforme; car c'en est une et non une factice et littérale transformation des textes. Le scandale, on le peut éviter. Qu'on ajoute à la loi qui permettra la recherche de la paternité une disposition assimilant la femme déboutée de son action à une diffamatrice; que l'homme injustement actionné ait le droit ou de mépriser la calomnie ou bien, au contraire, de lui faire appliquer les peines sévères de la diffamation. Et le chantage à la paternité paraîtra bientôt d'un emploi dangereux.

Pour le reste, pour l'inutilité des jugements qui ne pourront rien sur l'impécuniosité voulue ou réelle des pères qu'on aura recherchés, cela fût-il vrai dans tous les cas, que la réforme devrait encore s'accomplir. Ce principe, que l'Angleterre, et l'Allemagne, et l'Autriche, et la Suisse, et les Etats scandinaves ont depuis longtemps proclamé, la France ne peut persister à le proscrire de ses lois.

....

La paternité est une obligation. La loi est faite pour contraindre tout homme à l'accomplissement de ses devoirs et non pour l'aider à s'y soustraire. Le Code n'est point un refuge pour les lâches. Avant même de faire adopter notre proposition au Parlement, nous espérons donc qu'elle sera comprise par l'opinion publique. L'article 340 a trop duré. Nous ne demandons point à créer une paternité naturelle qui soit comme une caricature de l'autre. Il nous suffit d'obtenir l'essentiel : le pain pour l'enfant. La seule paternité qui nous agrée ici, c'est la *paternité alimentaire*.

BIBLIOTHÈQUE NATIONALE R.F. IMPRIMÉS

Poligny, imp. A. Jacquin

www.ingramcontent.com/pod-product-compliance
Lightning Source LLC
LaVergne TN
LVHW010223230826
846091LV00008BB/3639

* 9 7 8 2 0 1 3 5 5 6 4 7 7 *